VIVE EN OBEDIENCIA, ¡CAMINA EN SU PERFECTA VOLUNTAD!

VIVE EN OBEDIENCIA, ¡CAMINA EN SU PERFECTA VOLUNTAD!

DEVOCIONAL DIARIO:
30 DÍAS APRENDIENDO
A VIVIR EN OBEDIENCIA

GERALDIN GAMBOA MARTÍNEZ

TALENTO

PUBLICACIONES

2025

VERSIONES BÍBLICAS UTILIZADAS:
RVR1960: Reina Valera Revisada 1960
NVI: Nueva Versión Internacional
RVC: Reina Valera Contemporánea

Título: *Vive en obediencia, ¡camina en su perfecta voluntad!*
Autor: Geraldin Gamboa Martínez

I.S.B.N.: 979-13-991270-7-2

Edita: TALENTO Publicaciones
        (Samuel Juliá Cristóbal)
        E-mail: info@talentopublicaciones.com
        Web: www.talentopublicaciones.com

Edición POD

© Geraldin Gamboa Martínez, 2025

ÍNDICE

EL ORIGEN DE ESTAS LÍNEAS

Como seres humanos limitados, no podemos ofrecerle a Dios nada que supere lo que Él nos ha dado. Sin embargo, hay algo que Él anhela de nosotros: "un corazón obediente". Cuando decidimos obedecer, aunque en ocasiones resulte difícil, su nombre es glorificado en nuestras vidas y en la de quienes nos rodean.

Durante mi proceso de conocer y experimentar una relación con Jesús, he entendido que la decisión de obedecer es personal; Él me permite tomar mis propias decisiones. Aun así, el mayor acto de adoración que puedo ofrecerle es mi "obediencia". Por eso, cada día he decidido seguir su guía y he llegado a experimentar a un Dios tan personal, vivo y real, que se manifiesta en mi vida de manera constante. ¡Un Dios que exalta a sus hijos por su fidelidad! ¡Un Dios colmado de favor, gracia, amor, protección y dirección!

Mi deseo profundo es que esta lectura diaria te inspire a obedecer y a descubrir a un Dios que es completamente personal y cercano.

PRÓLOGO

La obediencia a Dios implica seguir fielmente las instrucciones que Él nos da en el momento en que nos habla. Como seres humanos, a menudo encontramos dificultades para obedecer. De hecho, si leemos las Escrituras, podemos ver que todo pecado comenzó con un acto de desobediencia; sin embargo, también podemos observar que fue un paso de obediencia lo que nos otorgó la salvación y el acceso al Padre.

La obediencia es fundamental para Dios. Es la expresión más pura de amor que podemos ofrecerle, ya que implica rendir nuestra voluntad para permitir que Él cumpla la suya en nosotros. Aunque a veces obedecer a Dios puede ser un desafío, puesto que su voluntad no siempre coincide con nuestros deseos o expectativas, decidimos hacerlo porque le amamos.

Te invito a que participes de este devocional y juntos aprendamos acerca de aquellas personas que vivieron en obediencia a Dios y, que, por tanto, cumplieron su voluntad. Será una verdadera bendición para nuestras vidas.

Día 1

¡Jesús, el mayor ejemplo de obediencia!

Y estando en la condición de hombre, se humilló a sí mismo, haciéndose obediente hasta la muerte, y muerte de cruz (Filipenses 2:8 RVR1960)

Jesús es el máximo ejemplo de obediencia que tenemos. Siendo Dios, «se humilló a sí mismo» y se sometió «hasta la muerte, y muerte de cruz». Es fundamental recordar que Jesús murió por elección, no por obligación; Él decidió renunciar a su gloria para venir a la tierra y experimentar el sufrimiento que nosotros merecíamos a causa de nuestros pecados.

Jesucristo sabía que su obediencia implicaba dolor; sin embargo, se entregó y obedeció. Este es el modelo que debemos seguir: *obedecer, aun cuando resulte difícil.* En ocasiones, puede que no deseemos hacerlo, pero vale la pena reflexionar sobre esto: Jesús murió de una forma muy dolorosa en sumisión al Padre; ¿acaso alguno de nosotros hubiera estado dispuesto a morir por personas que ignoran nuestro sacrificio y hasta nos rechazan? Seguramente ninguno habría tomado esa decisión, pero Él lo hizo por amor y obediencia.

Esto nos enseña que la obediencia es fundamental en nuestra relación con Dios. ¡Hacer la voluntad del Padre debe ser más importante que hacer la nuestra!

Te animo a que priorices la voluntad de Dios.

Día 2

Obedecer trae favor

Y lo hizo así Noé; hizo conforme a todo lo que Dios le mandó (Génesis 6:22 RVR1960).

Para comprender este versículo, es importante recordar la historia de Noé, quien fue un hombre justo que «halló gracia ante los ojos de Jehová» (Génesis 6:8 RVR1960). Noé vivía en una tierra llena de maldad y violencia donde la corrupción predominaba y las personas se habían olvidado de seguir los caminos de Dios. Como consecuencia de esta iniquidad, el Señor decidió hacer un justo juicio a través de un diluvio de aguas, pero Noé, al ser el único ser humano que mantenía su fidelidad, fue salvado, pues Dios había establecido un pacto con él y su familia.

¡Ahora viene lo que el Señor desea enseñarnos! Dios le dio a Noé instrucciones específicas respecto a la construcción de un arca destinada a resguardar a su familia y a los animales durante el diluvio; y Noé creyó plenamente en esto: no dudó ni por un instante en seguir con determinación las órdenes del Señor. Esto demuestra que Noé es un ejemplo de obediencia, sumisión y fe, y que, gracias a su obediencia, no solo él y su familia fueron salvados, sino que también dieron lugar a un nuevo comienzo en la tierra.

Esta historia nos revela que tener un corazón obediente y sumiso a Dios es esencial. Cuando actuamos conforme a lo que Él nos habla, no solamente recibimos su favor, sino que, además, nuestro entorno es bendecido.

Desafío diario

Reflexiona: ¿Realmente tienes un corazón obediente y sumiso a Dios?

Día 3

La obediencia que trasciende a la razón

En tu simiente serán benditas todas las naciones de la tierra, por cuanto obedeciste a mi voz (Génesis 22:18 RVR1960).

Para ponernos en contexto, este versículo está enclavado en la historia de Abraham, conocido como el «amigo de Dios» (Santiago 2:23 RVR1960). Abraham se caracterizó por su obediencia a Dios en todo momento, hasta en las pruebas más difíciles. La Biblia dice que Dios le hizo la promesa de ser padre y convertirse en «padre de [...] naciones» (Génesis 17:5 NVI). Sin embargo, el tiempo pasaba, y esa promesa parecía no cumplirse. Hasta que por fin llegó el día en que Dios hizo lo que había prometido, en su tiempo perfecto.

Con los años, Dios decide probar a Abraham pidiéndole que sacrifique a su hijo Isaac. Claro está que Abraham, como cualquier padre, amaba profundamente a su hijo, pero su amor hacia Dios era aún mayor, así que, sin dudar, sin hacer preguntas ni cuestionar el mandato del Señor, decidió obedecer. ¿Podemos imaginarnos lo que pasaba por la mente y el corazón de Abraham en ese momento? Dios le había prometido que sería padre de naciones, y ahora le estaba pidiendo que sacrificara a Isaac. Lo que Abraham no sabía era que

Dios, en realidad, no quería hacer daño a su hijo; solo estaba probando su amor, su obediencia y su fidelidad. Y, sin saberlo, Abraham superó la prueba al poner primero lo que Dios había dicho. Evidentemente, Dios no permitió que su hijo Isaac sufriera daño alguno, pues el ángel del Señor intervino desde el Cielo, diciendo: «Abraham, Abraham [...]. No extiendas tu mano sobre el muchacho, ni le hagas nada; porque ya conozco que temes a Dios, por cuanto no me rehusaste tu hijo, tu único» (Génesis 22:11-12 RVR1960).

Al reflexionar sobre esta historia, vemos que, en algunas ocasiones, Dios pone a prueba nuestra obediencia, ya que desea conocer hasta qué punto le amamos y le tememos. Es fundamental que estemos dispuestos a seguir su voluntad. En este caso, la obediencia de Abraham fue recompensada con una nueva promesa: «En tu simiente serán benditas todas las naciones de la tierra, por cuanto obedeciste a mi voz». Esta promesa resalta la importancia de escuchar y actuar conforme a la dirección de Dios en nuestras vidas.

Desafío diario

¿Estás dejando que Dios te dirija, más allá de tu propio entendimiento?

Día 4

La obediencia trae milagros

Entonces Eliseo le envió un mensajero, diciendo: Ve y lávate siete veces en el Jordán, y tu carne se te restaurará, y serás limpio (2 Reyes 5:10 RVR1960).

Esta historia ilustra cómo se manifiesta el poder de Dios a través de Eliseo en Naamán. Naamán era «general del ejército del rey de Siria» y un hombre «valeroso [...], pero leproso» (2 Reyes 5:1 RVR1960). En ese tiempo, Israel estaba cautivo bajo el pueblo sirio, y entre los cautivos había una mujer que creía en Dios y conocía a Eliseo, el profeta de Israel y sucesor de Elías. Esta mujer sugirió a Naamán que buscará ayuda en Eliseo para curar su lepra, y Naamán decidió seguir su consejo.

Cuando Naamán se encontró con Eliseo, el profeta le dio unas instrucciones sencillas: «Ve y lávate siete veces en el Jordán [...], y serás limpio», pero Naamán se enojó y se marchó diciendo: «Yo pensaba que ese profeta [...] invocaría el nombre del Señor [...], y luego alzaría la mano y tocaría la parte enferma, y me sanaría de la lepra» (2 Reyes 5:11 RVC); sin embargo, eso no fue lo que sucedió. A pesar de su indignación, finalmente decidió hacer lo que Eliseo había indicado, y, al hacerlo, dice la Biblia que su carne se restauró por completo, hasta quedar como la de un niño, toda limpia (*cf.* 2 Reyes 5:14 RVR1960).

Esta historia debe impactarnos profundamente, porque las instrucciones de Eliseo a Naamán no eran complicadas: solo debía lavarse siete veces en el río Jordán. Sin embargo, al principio, Naamán dudó y se enojó, ya que esperaba una sanidad inmediata y sobrenatural. Muchas veces nosotros actuamos de la misma forma, anhelando que los milagros o el cumplimiento de las promesas de Dios se produzcan de forma instantánea. Es cierto que algunas veces los milagros ocurren de inmediato, pero, en otras ocasiones, se necesita obediencia para que sucedan. Aunque lo que Dios nos pida nos parezca insólito o difícil de entender, es esencial que obedezcamos; lo que realmente le importa a Él no es el acto en sí, sino nuestra disposición a obedecer y a dar el paso de fe.

Desafío diario

¿Estás dispuesto a obedecer a Dios, aunque parezca insólito o difícil de entender?

Día 5

La obediencia trae protección

Y los hijos de Israel fueron e hicieron puntualmente así, como Jehová había mandado a Moisés y a Aarón (Éxodo 12:28 RVR1960).

En el contexto de esta historia, la Biblia nos dice que el pueblo de Israel fue esclavo durante cuatrocientos treinta años, pero Dios, en su misericordia, decidió liberarlos a través de Moisés. Sin embargo, el Faraón, quien mantenía a los israelitas esclavizados, tenía el corazón endurecido y se negaba a dejarlos ir. Dios le advirtió que, si no liberaba a su pueblo, habría graves consecuencias, pero, a pesar de las advertencias, el Faraón no escuchó, lo que llevó a Dios a enviar diez plagas sobre Egipto. La última y más devastadora de ellas fue la muerte de todos los primogénitos, desde el primogénito del Faraón hasta el de la sierva, y también los de los animales (*cf.* Éxodo 11:5 RVR1960).

La situación se complicaba, ya que los israelitas vivían en medio de Egipto. Por ello, Dios dio instrucciones específicas a Moisés y Aarón: debían escoger un cordero sin defecto, asar su carne y comerla junto con panes sin levadura y hierbas amargas. Además, debían marcar los postes y el dintel de sus casas con la sangre del cordero, de modo que, cuando Jehová pasara hiriendo a los primogénitos de Egipto, reconociera las casas marcadas y protegiera a su pueblo Israel (*cf.* Éxodo 12:3-13 RVR1960).

Tal como Dios había ordenado, así sucedió. Jehová pasó a medianoche e hirió a todos los primogénitos de Egipto (*cf.* Éxodo 12:29 RVR1960), pero los israelitas no sufrieron daño alguno, pues obedecieron fielmente las instrucciones divinas y confiaron en sus palabras. Como resultado, el Faraón por fin permitió que el pueblo de Israel fuera liberado.

Esta acción no solo conmemora la liberación de la esclavitud de Egipto, sino que también nos ofrece una visión de lo que Jesús haría por amor a nosotros en el futuro. Podemos reflexionar sobre la obediencia del pueblo de Israel, que fue fundamental para su protección: su obediencia trajo liberación y salvación, igual que la muerte de Jesucristo. La obediencia no es un simple acto de cumplimiento; es una señal de confianza en Dios, y su recompensa no es individual, sino colectiva, ya que, cuando obedecemos, Dios obra algo mayor para todos.

Desafío diario

¿En qué situaciones has obedecido a Dios y, como consecuencia, has sentido su protección en tu vida?

Día 6

La obediencia, un testimonio poderoso

Cuando Daniel supo que el edicto había sido firmado, entró en su casa, y abiertas las ventanas de su cámara que daban hacia Jerusalén, se arrodillaba tres veces al día, y oraba y daba gracias delante de su Dios, como lo solía hacer antes (Daniel 6:10 RVR1960).

Esta es la historia de Daniel, un profeta y hombre sabio que vivía cautivo en Babilonia, donde la mayoría de personas adoraban a dioses ajenos; sin embargo, él se destacó por su obediencia y fidelidad al único y verdadero Dios.

Un día, se promulgó un edicto que establecía que cualquiera que, durante un período de treinta días, hiciera petición u oración a cualquier dios que no fuera el rey sería arrojado al foso de los leones. A pesar de este edicto, Daniel continuó orando fielmente a Dios, mostrando su devoción sin temor.

Pero aquellos que buscaban ocasión para acusarlo aprovecharon la situación y lo denunciaron ante el rey, quien, aunque sentía un gran afecto hacia Daniel, se vio obligado a cumplir con el edicto y lo envió al foso de los leones. No obstante, antes de hacerlo, le dijo: «El Dios tuyo, a quien tú continuamente sirves, él te libre»

(Daniel 6:16 RVR1960). Y así sucedió. Dios envió a su ángel para cerrar la boca de los leones: el Señor protegió a Daniel de cualquier daño (*cf.* Daniel 6:22 RVR1960).

Esta historia revela la obediencia y fidelidad de Daniel, quien prefirió la muerte antes que renunciar a su Dios, el Dios verdadero. La Biblia nos enseña que debemos «[orar] sin cesar» (1 Tesalonicenses 5:17 RVR1960) y hacer nuestras peticiones solo a Él, y no a ningún otro *dios.* Esto es precisamente lo que hizo Daniel: obedecer y ser fiel en todo momento. Su obediencia no solo resultó en su protección, sino en un poderoso testimonio del poder de Dios, ya que llevó al rey y a toda la nación a conocer y experimentar la grandeza de nuestro Creador. El rey, reconociendo el poder del Señor, promulgó un nuevo edicto que decía: «Que en todo el dominio de mi reino todos teman y tiemblen ante la presencia del Dios de Daniel; porque él es el Dios viviente y permanece por todos los siglos, y su reino no será jamás destruido, y su dominio perdurará hasta el fin» (Daniel 6:26 RVR1960).

Desafío diario

¿En qué ocasiones has visto en tu vida el poder de Dios?

Día 7

Obedece y verás la gloria de Dios

Mira que te mando que te esfuerces y seas valiente; no temas ni desmayes, porque Jehová tu Dios estará contigo en dondequiera que vayas (Josué 1:9 RVR1960).

Josué fue elegido por Dios como sucesor de Moisés. Su responsabilidad era guiar al pueblo israelita en un momento crucial en el que debían enfrentarse a numerosos enemigos y luchar en diversas batallas para conquistar la Tierra Prometida, una misión que conllevaba un gran desafío.

Dios utilizó a Josué para salvar a su pueblo transmitiéndole no solo una orden, sino también una promesa; su mandato fue claro: «Que te esfuerces y seas valiente». A pesar de que Josué sentía temor ante lo que se les avecinaba, decidió obedecer y asumir su papel como líder de los israelitas, y la promesa que recibió fue reconfortante: «No temas ni desmayes, porque Jehová [...] estará contigo». Y también: «Nadie te podrá hacer frente en todos los días de tu vida; como estuve con Moisés, estaré contigo; no te dejaré, ni te desampararé» (Josué 1:5 RVR1960).

Aunque seguir las instrucciones de Dios a veces puede resultar abrumador, Él anhela que lo hagamos y que seamos instrumentos suyos para ayudar a los demás. La obediencia no solo nos trae bendiciones a nosotros, sino también a quienes nos rodean. En el caso de Josué, aunque afrontar aquellos desafíos no fue sencillo para él, su disposición a obedecer resultó en su entrada en la Tierra Prometida junto con todos los israelitas, lo que significa que la bendición se extendió a todos y, lo más importante, que Dios estuvo a su lado cada día brindándole la fuerza necesaria para cumplir su misión.

Desafío diario

Reflexiona: ¿Cuán dispuesto estás a obedecer a Dios?

Día 8

Un llamado a obedecer por amor

Si realmente escuchas al Señor tu Dios y cumples fielmente todos estos mandamientos que hoy te ordeno, el Señor tu Dios te pondrá por encima de todas las naciones de la tierra (Deuteronomio 28:1 NVI).

En la Palabra de Dios encontramos un llamado claro a la obediencia y una promesa de bendición para aquellos que la cumplan fielmente. La verdadera expresión de amor que podemos ofrecerle a Dios es nuestra obediencia y fidelidad. Esto es lo único que Él busca en nosotros; de hecho, su Palabra nos enseña que el Señor «busca» adoradores que lo adoren «en espíritu y en verdad» (Juan 4:23 RVR1960), pues, aunque Él es el Dueño de todo y no necesita de nada, anhela corazones sinceros que le amen y le obedezcan.

Es importante tener muy presente que la obediencia no debe basarse en conveniencias, es decir, no puede ser selectiva ni limitarse a ciertas circunstancias. La verdadera obediencia se manifiesta tanto en tiempos de alegría como en momentos difíciles. Así como Dios está con nosotros en lo bueno y en lo no tan bueno, también nosotros debemos permanecer fieles a Él en toda circunstancia.

Lo más hermoso de la obediencia es que no solo complace el corazón de Dios, sino que también trae bendiciones a nuestras vidas. La Biblia nos recuerda en Deuteronomio 28:12 (RVR1960) que, si obedecemos, Dios «abrirá [...] su buen tesoro, el cielo, para enviar la lluvia a [nuestra] tierra en su tiempo, y para bendecir toda obra de [nuestras] manos». Esto nos lleva a reflexionar sobre el hecho de que la obediencia es un acto de amor que glorifica a Dios y que nos permite experimentar su presencia, bendición y favor.

Desafío diario

Reflexiona: ¿Estás agradando al corazón de Dios con tu obediencia?

Día 9

Una lección de obediencia

Samuel le contestó: «¿Y crees que al Señor le gustan tus holocaustos y ofrendas más que la obediencia a sus palabras? Entiende que obedecer al Señor es mejor que ofrecerle sacrificios, y que escucharlo con atención es mejor que ofrecerle la grasa de los carneros» (1 Samuel 15:22 RVC).

Para comprender esta historia, es importante saber que Samuel era un profeta de Dios y que Saúl había sido ungido como rey de Israel. Aunque Saúl había sido elegido por Dios para ser rey, ya había desobedecido una orden divina; aun así, el Señor le otorgó una nueva oportunidad para demostrar su obediencia, pero lamentablemente Saúl volvió a fallar. En esta ocasión, recibió una orden clara: debía destruir por completo la ciudad de Amalec y todo lo que poseía (*cf.* 1 Samuel 15:3 RVC). Sin embargo, Saúl cumplió parcialmente con lo que se le había mandado, lo que equivale a desobedecer: decidió preservar la vida del rey de Amalec y conservar ciertos animales como botín para ofrecer sacrificios a Jehová. Pero el Señor no estaba interesado en holocaustos ni sacrificios: Él demandaba obediencia total.

Por esa razón, Dios le reveló lo siguiente al profeta Samuel: «Me pesa haber puesto por rey a Saúl, pues se ha vuelto de en pos de mí, y no ha cumplido mis palabras» (1 Samuel 15:11 RVR1960). Más tarde, Samuel se presentó ante Saúl y le declaró: «Por cuanto tú desechaste la palabra de Jehová, él también te ha desechado para que no seas rey» (1 Samuel 15:23 RVR1960).

Esta historia nos enseña que la obediencia debe ser inmediata y total, nunca parcial. En este caso, la desobediencia de Saúl tuvo graves consecuencias. Algo similar sucede en nuestras vidas: cuando obedecemos a Dios, lo honramos, y Él se alegra; por el contrario, al desobedecerle, su corazón se entristece, y nos enfrentamos a las consecuencias de nuestras acciones.

Desafío diario

Reflexiona: ¿Tu obediencia a Dios es inmediata y total?

Día 10

¡Obedece, Dios hará el resto!

Y Dios le respondió: «Ve, pues yo estaré contigo. Y esto te servirá de señal, de que yo te he enviado: Cuando tú hayas sacado de Egipto al pueblo, ustedes servirán a Dios sobre este monte.» (Éxodo 3:12 RVC).

La Palabra de Dios nos revela cómo fue el llamamiento de Moisés: «Se le apareció el Ángel de Jehová en una llama de fuego en medio de una zarza» (Éxodo 3:2 RVR1960) y le ordenó liberar al pueblo de Israel de la esclavitud en Egipto. Sin embargo, la respuesta de Moisés fue: «¿Quién soy yo para que vaya a Faraón, y saque de Egipto a los hijos de Israel?» (Éxodo 3:11 RVR1960). Esta reacción es similar a la que muchos de nosotros tenemos ante las órdenes de Dios: «¿Quién soy yo?»; «No seré capaz»; «No puedo»; «No tengo la habilidad para llevar a cabo esa tarea».

Este aspecto es realmente interesante, porque, después de la respuesta de Moisés, Dios no le dijo: «Moisés, tú puedes hacerlo». ¡No! Más bien le ordenó: «Ve, porque yo estaré contigo» (Éxodo 3:12 RVR1960). Esto significa que el poder, la habilidad y la capacidad para cumplir la tarea no provenían de Moisés, sino de Dios, quien es grande y poderoso para hacer lo que desee en la tierra.

A pesar de la duda y el temor, es admirable lo que hizo Moisés tras esta conversación: obedeció. Gracias a su obediencia, experimentó la presencia de Dios y el cumplimiento de su plan, pues el pueblo de Israel fue liberado. La Biblia dice que nunca más surgió en Israel un profeta como Moisés (*cf.* Deuteronomio 34:10 RVR1960), lo que nos motiva a adoptar su actitud de obediencia. ¡Dios puede hacer lo que desee, pero es hermoso saber que podemos formar parte de sus planes y actuar como instrumentos suyos!

Desafío diario

¿Cuál es tu respuesta ante una orden de Dios?

Día 11

¡No temas, Dios está contigo en el fuego!

Si se nos arroja al horno en llamas, el Dios al que servimos puede librarnos del horno y de las manos de Su Majestad. Pero incluso si no lo hace, queremos que sepa, Su Majestad, que no serviremos a sus dioses ni adoraremos la estatua que usted ha erigido (Daniel 3:17-18 NVI).

Esta es la historia de tres jóvenes que obedecieron a Dios hasta el último momento. Sadrac, Mesac y Abednego vivían cautivos en Babilonia bajo el reinado de Nabucodonosor, quien adoraba a otros dioses. En un intento de imponer su ley, el rey hizo una estatua y ordenó que todos la adoraran; sin embargo, estos jóvenes se negaron a hacerlo porque sabían que la adoración solo debía dirigirse al Dios verdadero, como nos enseña la Escritura en Éxodo 34:14 (RVR1960): «Porque no te has de inclinar a ningún otro dios, pues Jehová, cuyo nombre es Celoso, Dios celoso es».

Debido a la firme decisión de Sadrac, Mesac y Abed-nego de no adorar a ningún otro dios, el rey se enojó con ellos y les advirtió de las consecuencias: serían arrojados a un horno de fuego. Aun así, los jóvenes se mantuvieron firmes en su respuesta, lo que evidenció su plena confianza en Dios, su obediencia y su amor hacia Él. La Biblia dice que el rey, en su ira, ordenó calentar el horno siete veces más de lo habitual y después mandó lanzarlos al interior (*cf.* Daniel 3:19-20 NVI). Lo que Nabucodonosor no sabía era que Dios se manifestaría de una manera extraordinaria ante los ojos de todos. Cuando observaron dentro del horno, no vieron solo a tres hombres, sino a cuatro, y el cuarto parecía ser como «un hijo de los dioses» (Daniel 3:25 NVI). A pesar de que Sadrac, Mesac y Abed-nego estuvieron en el horno con el fuego intensificado, ninguno de ellos sufrió daño alguno, lo que llevó al rey a exclamar: «Bendito sea el Dios de ellos» (Daniel 3:28 RVR1960).

Esta historia nos enseña que, sin importar las circunstancias, la obediencia es fundamental. Vivimos en un mundo caído donde abundan los falsos dioses, pero, como seguidores del único y verdadero Dios, debemos mantenernos firmes en nuestra fe y guiarnos por su Palabra. Nuestra adoración ha de ser exclusivamente para Él, y la obediencia debe ser nuestra prioridad, por encima de las tendencias y corrientes de este mundo.

Desafío diario

Reflexiona: ¿Te mantienes firme en la fe en los momentos más complicados?

Día 12

Un corazón dispuesto a obedecer

Entonces María dijo: He aquí la sierva del Señor; hágase conmigo conforme a tu palabra. Y el ángel se fue de su presencia (Lucas 1:38 RVR1960).

María tuvo un encuentro con el ángel Gabriel, quien le anunció que era «bendita [...] entre las mujeres» (Lucas 1:28 RVR1960), pues había hallado gracia ante los ojos de Dios y, como resultado de esa gracia, concebiría en su vientre y daría a luz un hijo llamado *Jesús* (*cf.* Lucas 1:30-31 RVR1960). Es importante recordar que María era virgen y no había conocido varón; por este motivo, le preguntó al ángel: «¿Cómo será esto? pues no conozco varón» (Lucas 1:34 RVR1960), y el ángel le respondió: «El Espíritu Santo vendrá sobre ti, y el poder Altísimo te cubrirá con tu sombra» (Lucas 1:35 RVR1960).

Es asombroso imaginar lo que pasaría por la mente de María ante semejante revelación, y su respuesta resulta impactante: «He aquí la sierva del Señor; hágase conmigo conforme a tu palabra». Recordemos que, en aquella época, un embarazo fuera del matrimonio conllevaba humillación y vergüenza tanto para la mujer como para su familia, pero, a pesar de las posibles consecuencias sociales, María decidió creer, obedecer voluntariamente y confiar en que Dios se encargaría de lo demás. Su valiente decisión de obedecer y las palabras que pronunció reflejan su profundo deseo de cumplir la voluntad de Dios en su vida, y, gracias a esto, tuvo el honor de ser la madre de Jesús, nuestro Mesías, quien nos trajo la salvación.

Esta historia nos invita a reflexionar sobre nuestra disposición a obedecer. Debemos adoptar una actitud de sumisión y fe con respecto a Dios, en lugar de cuestionar sus propósitos. Además, es fundamental que creamos en el poder de nuestro Señor, aun cuando nos parezca irracional, «porque nada hay imposible para Dios» (Lucas 1:37 RVR1960).

Desafío diario

Te invito a que hagas esta oración: «Padre, ayúdame a tener una actitud de sumisión y de obediencia en mi vida. Dame el deseo profundo de estar dispuesto/a a seguir tus planes y cumplir tu voluntad. Amén».

Día 13

Hacer la voluntad de Dios es un acto de obediencia

Enséñame a hacer tu voluntad, porque tú eres mi Dios; tu buen espíritu me guíe a tierra de rectitud (Salmo 143:10 RVR1960).

¡Este salmo realmente es hermoso! David se dirige a Dios con humildad y le dice: «Enséñame a hacer tu voluntad, porque tú eres mi Dios». Esta declaración refleja su sumisión, su conciencia de sus limitaciones y su necesidad de ayuda para cumplir la voluntad del Padre.

Es conmovedor imaginar cómo debió sentirse el corazón de Dios al ver que el salmista buscaba guía para llevar a cabo su voluntad. A pesar de que David tenía libertad para elegir, optó por amar al Señor, obedecerlo y alinearse con el propósito que Él tenía para su vida. Su mayor anhelo era agradar al Padre y recibir su «buen espíritu» para ser guiado a la «rectitud», pues solo el Espíritu Santo de Dios puede llevarnos hasta el camino de la verdad y la justicia; Él es quien puede revelarnos la forma adecuada de vivir y cumplir con la voluntad del Padre, «porque el Espíritu todo lo escudriña, aun lo profundo de Dios» (1 Corintios 2:10 RVR1960).

Esto nos invita a reflexionar sobre la importancia de reconocer que la voluntad de Dios es sabia y perfecta.

Aceptar su voluntad es un acto de obediencia. No permitamos que nuestra tendencia humana nos desvíe y nos lleve a seguir nuestro propio camino; más bien reconozcamos nuestra necesidad de ayuda. Después de todo, ¿quién tiene más sabiduría y conocimiento acerca de lo que es mejor para nosotros que nuestro Padre y Creador?

Desafío diario

Reflexión: ¿Estás dispuesto/a a hacer la voluntad de Dios?

Día 14

Escuchar la voz de Dios te guía a obedecer

Al contrario, esto fue lo que les ordené: «Escuchen mi voz, y yo seré su Dios, y ustedes serán mi pueblo. Vayan siempre por el camino que yo les mande seguir, para que les vaya bien» (Jeremías 7:23 RVC).

La Escritura nos revela que Dios se dirigía al pueblo judío con un mensaje claro acerca de la obediencia, pero ellos se negaban a escuchar sus palabras. La Biblia dice en Jeremías 7:24 (RVR1960): «Y no oyeron ni inclinaron su oído; antes caminaron en sus propios consejos, en la dureza de su corazón malvado, y fueron hacia atrás y no hacia adelante». A pesar de esto, Dios les decía: «Escuchen mi voz, y yo seré su Dios». ¿Acaso hay alguien más bueno que nuestro Señor, que, a pesar de lo que sabía, persistía en decir: «Escuchen mi voz»?

A menudo, al meditar en la Palabra, nos preguntamos cómo aquel pueblo judío no podía oír a Dios, a pesar de las manifestaciones extraordinarias de su presencia; sin embargo, hoy repetimos el mismo patrón. Dios continúa manifestándose de diversas formas, pero nosotros, en muchas ocasiones, no escuchamos su voz y ni siquiera la reconocemos. Entonces, ¿cómo podemos afirmar que Dios es nuestro Dios si no escuchamos ni conocemos su voz?

Es fundamental pasar tiempo con Él y prestar atención a lo que nos dice, porque a través de su voz podemos alinearnos con su voluntad y vivir en obediencia. Al hacerlo, podremos seguir el camino que Él nos indique y, por ende, podremos experimentar su bendición en nuestras vidas.

Desafío diario

Dedica un momento cada día a escuchar la voz de Dios a través de la oración y la meditación en las Escrituras.

Día 15

¡La obediencia es por amor, no por obligación!

Si me aman, obedezcan mis mandamientos (Juan 14:15 RVC).

En estas palabras textuales de Jesús encontramos sencillez y, a la vez, profundidad. Jesús nos enseña que la verdadera expresión de nuestro amor hacia Él es nuestra obediencia. No se trata únicamente de leer su Palabra, sino de vivir según las enseñanzas, mandamientos, principios y valores que Él nos impartió durante su tiempo en la tierra.

Amar a Jesús no consiste solo en expresar ese amor con palabras; amarle implica obedecer, hasta cuando esto resulta difícil, cuando no entendemos lo que nos pide o cuando simplemente no nos agrada. Es justo en esos momentos cuando demostramos de verdad nuestro amor a Él y nuestra disposición a ser agradables a su corazón.

Obedecer no es un acto sencillo; requiere renunciar a nuestros propios deseos por amor a nuestro Señor. Significa entender que ya no somos dueños de nuestras vidas, sino que Jesús es quien guía nuestro camino. De manera que es fundamental comprender que nuestra actitud siempre debe ser sumisa y obediente, motivada por el amor que sentimos hacia Él. No obedecemos por obligación: ¡obedecemos por amor!

Desafío diario

Reflexiona: ¿Estás obedeciendo por la motivación correcta?

Día 16

¡La obediencia de un hombre cambió toda la historia!

Porque así como por la desobediencia de un solo hombre muchos fueron constituidos pecadores, así también por la obediencia de uno solo muchos serán constituidos justos (Romanos 5:19 RVC).

Estas palabras están llenas de esperanza. La Biblia nos revela que el pecado entró en este mundo a través de un hombre, y por ese pecado llegó la muerte (*cf.* Romanos 5:12 RVC), que se extendió a todos los seres humanos, ya que todos «[fuimos] constituidos pecadores». Sin embargo, así como la condenación afectó a todos, también la justicia de Dios ha llegado a todos los hombres mediante uno que fue justo: Jesucristo.

Esto significa que ahora Dios Padre nos ve a través de su Hijo Jesús y nos considera «justos», no porque lo seamos, sino porque Jesús fue justo; y es fundamental resaltar que toda esta justicia nos ha sido otorgada por un acto de «obediencia». Por causa del pecado, estábamos destinados a la muerte eterna, pero el inmenso amor de Dios hacia nosotros se manifestó de manera suprema: «Porque de tal manera amó Dios al mundo, que ha dado a su Hijo unigénito, para que todo aquel que en él cree, no se pierda, mas tenga vida eterna» (Juan 3:16 RVR1960).

La entrega del Hijo de Dios no fue un acto sencillo. Jesús, el único perfecto, sin mancha y sin pecado, tuvo que morir por pecados que nunca cometió; su sacrificio fue por tu pecado, por el mío y por el del mundo entero, y no lo hizo por obligación, sino por amor. Él eligió sacrificarse en obediencia al Padre, alineado con su voluntad, con el objetivo de darnos el regalo de la vida eterna.

Esto nos enseña que, cuando desobedecemos a Dios, las consecuencias son graves, porque no solo afectan a quienes desobedecen, sino que pueden tener repercusiones en los demás. Sin embargo, así como por uno bueno —Jesús— todos fuimos salvados, podemos comprender también que, cuando obedecemos, los beneficios no son solo para nosotros. ¡Un solo paso de obediencia puede salvar a naciones y hasta al mundo entero!

Desafío diario

Reflexiona: ¿Qué significó la obediencia de Jesús para ti?

Día 17

Vivir según las enseñanzas de Dios

Hijo mío, no te olvides de mis enseñanzas; más bien, guarda en tu corazón mis mandamientos. Porque prolongarán tu vida muchos años y te traerán paz (Proverbios 3:1-2 NVI).

Este versículo es una poderosa exhortación a la obediencia. Dios nos invita a guardar en nuestro corazón sus enseñanzas y mandamientos; pero la palabra *guardar* no se refiere a archivarlos y quizá hasta olvidarlos, sino a tenerlos presentes en nuestra mente y corazón, cumpliéndolos con cuidado y dedicación. Esta invitación a la obediencia también viene acompañada de una promesa, porque, si guardamos sus mandamientos, se «prolongarán» nuestros años de vida y de paz.

En el capítulo 3 de Proverbios, Dios destaca varias enseñanzas esenciales que debemos atesorar. Él es tan específico que nos detalla cada aspecto que debemos seguir. La Biblia presenta siete puntos claves a los que debemos prestar atención según las enseñanzas de este capítulo: ser misericordiosos (*cf.* v. 3), confiar plenamente en Dios sin apoyarnos en nuestra inteligencia (*cf.* vv. 5-7a), temerle y apartarnos del mal (*cf.* v. 7b), honrarlo con todo lo que somos y tenemos (*cf.* v. 9), aceptar su corrección y disciplina cuando nos equivoquemos (*cf.*

vv. 11-12), buscar la sabiduría (*cf.* vv. 13-20) y hacer el bien a nuestro prójimo (*cf.* vv. 27-30).

Somos llamados a cumplir cada enseñanza que Dios ha dejado registrada en su Palabra. Tal como Él dice, debemos escribir esas palabras «en la tabla de [nuestro] corazón» (Proverbios 3:3 RVR1960), ya que solo así «[hallaremos] gracia y buena opinión ante los ojos de Dios y de los hombres» (Proverbios 3:4 RVR1960).

Desafío diario

Hoy te invito a leer el capítulo 3 de Proverbios. Dios te hablará acerca de sus enseñanzas y mandamientos.

Día 18

¡No solo es decir, sino también hacer!

No todo el que me dice: Señor, Señor, entrará en el reino de los cielos, sino el que hace la voluntad de mi Padre que está en los cielos (Mateo 7:21 RVR1960).

Este versículo nos invita a reflexionar sobre la obediencia que debemos tener hacia Dios. No basta con nuestras palabras; es esencial que nos sometamos a su voluntad. En el día del juicio, seremos evaluados por el Señor, y todos anhelaremos entrar en el Reino de los cielos; sin embargo, la Biblia es clara y contundente al afirmar que «no todo el que [...] dice: Señor, Señor, entrará», y esto incluye a quienes no creyeron en Él, así como a aquellos que aparentaban tener fe, pero nunca hicieron su voluntad, pues sus acciones estaban motivadas por la búsqueda de su propia gloria en lugar de por una obediencia auténtica.

Para entenderlo mejor, recordemos la parábola del fariseo y el publicano. Ambos hombres oraban en el Templo, pero sus actitudes eran muy diferentes. El fariseo se jactaba ante Dios diciendo: «Te doy gracias porque no soy como los otros hombres, ladrones, injustos, adúlteros [...]; ayuno dos veces a la semana, doy diezmos de todo lo que gano» (Lucas 18:11-12 RVR1960).

En contraste, el publicano, en un acto de humildad, no se atrevía a levantar la vista al cielo y simplemente decía: «Dios, sé propicio a mí, pecador» (Lucas 18:13 RVR1960).

Algunas personas creen erróneamente que, con expresar su fe en Dios y hacer buenas obras, es suficiente; pero las Escrituras no respaldan esta creencia. Aunque las buenas obras son el fruto natural de nuestra fe, no son lo que nos salva ni deben hacerse con el objetivo de obtener reconocimiento. La verdadera diferencia radica en creer genuinamente y hacer la voluntad del Padre, lo que implica entregarnos y someternos por completo a Él en obediencia, alineándonos a sus propósitos.

Desafío diario

Reflexiona: ¿Realmente estás haciendo la voluntad del Padre?

Día 19

Obedece el consejo de tu Padre celestial

Cumple los mandamientos del Señor tu Dios, y no te apartes de sus caminos; sigue sus sendas y cumple con sus leyes y preceptos, tal y como están escritos en la ley de Moisés. Así prosperarás en todo lo que hagas y en todo lo que emprendas (1 Reyes 2:3 RVC).

Estas palabras fueron pronunciadas por el rey David en sus últimos días antes de morir, e iban dirigidas a su hijo Salomón. David fue un hombre conforme al corazón de Dios (cf. Hechos 13:22 RVR1960), que, a pesar de sus errores humanos, nunca se apartó de los caminos del Señor, sino que siempre siguió sus sendas, y, como resultado, fue grandemente prosperado y bendecido. Ahora, anhelaba que su hijo experimentara la misma gracia y bendición.

David estaba exhortando a Salomón a cumplir cada uno de los mandamientos que Dios había establecido, motivándolo a obedecer a su Creador. Este consejo es el reflejo del amor de un padre hacia su hijo, lo cual es similar a la manera como nuestro Padre celestial nos guía a través de su Palabra. Dios nos repite una y otra vez la importancia de la obediencia, ya que desea lo mejor para nosotros y sabe que seguir su voluntad trae consigo grandes bendiciones: orden en nuestras vidas, crecimiento espiritual, mayor intimidad, confianza y la manifestación sobrenatural de su presencia. Si David, siendo humano, deseaba estas bendiciones para Salomón, ¿cuánto más no las deseará para nosotros nuestro Padre y Creador? De hecho, la Biblia dice: «Pues si ustedes, aun siendo malos, saben dar cosas buenas a sus hijos, ¡cuánto más su Padre que está en los cielos dará cosas buenas a los que le pidan!» (Mateo 7:11 NVI).

Una vez más, Dios nos demuestra su bondad y nos recuerda la importancia de esforzarnos por cumplir sus enseñanzas en la tierra y permanecer en sus caminos. Así, al concluir nuestro recorrido terrenal, podremos disfrutar de la bendición suprema: la vida eterna.

Desafío diario

Te invito a que hoy tengas presente la Palabra de Dios y valores cada uno de sus consejos. ¡Recuerda que Él es tu Padre y Creador, y que desea lo mejor para ti!

Día 20

El amor de Dios se perfecciona en quien guarda su Palabra

El que dice: «Yo lo conozco», y no obedece sus mandamientos, es un mentiroso, y no hay verdad en él. El amor de Dios se ha perfeccionado verdaderamente en el que obedece su palabra, y por esto sabemos que estamos en él (1 Juan 2:4-5 RVC).

Esta enseñanza nos revela que conocer a Jesús va mucho más allá de simplemente mencionarlo o tener un conocimiento superficial acerca de Él. Conocer a Jesús implica tener una relación íntima y personal con Él, así como obedecer sus mandamientos. Si afirmamos que lo conocemos, pero no cumplimos su Palabra, estamos siendo falsos y «no hay verdad en [nosotros]». Aquellos que hemos tenido un encuentro verdadero y profundo con Jesús experimentamos una transformación real en todos los aspectos de nuestras vidas.

Como dice la Escritura, el amor de Dios se perfecciona en quienes guardamos su Palabra. Esto significa que cada día nos esforzamos por agradar a Dios en todo lo que hacemos, pensamos y sentimos. Nuestra vida comienza a centrarse en Él; nuestros gustos y prioridades cambian, y nuestros planes ya no son solo nuestros, sino que se alinean con los suyos.

Ahora nuestras acciones no se basan en lo que nos agrada o nos complace, sino en el deseo de vivir para Él. La obediencia se convierte en un aspecto fundamental de nuestra relación con Cristo, y marca la diferencia entre aquellos que realmente son íntimos de Jesús y los que no lo son.

Desafío diario

Reflexiona: ¿El amor de Dios ha sido perfeccionado en tu vida?

Día 21

«El que hace la voluntad de Dios permanece para siempre»

Y el mundo pasa, y sus deseos; pero el que hace la voluntad de Dios permanece para siempre (1 Juan 2:17 RVR1960).

Para ofrecer un contexto más claro, antes de llegar a este versículo, el apóstol Juan nos advierte que no debemos «[amar] al mundo, ni las cosas que están en el mundo», porque «si [...] [amamos] al mundo, el amor del Padre no está en [nosotros]. Porque todo lo que hay en el mundo, los deseos de la carne, los deseos de los ojos, y la vanagloria de la vida, no proviene del Padre, sino del mundo» (1 Juan 2:15-16 RVR1960).

Con estas palabras, el apóstol nos recuerda dos verdades importantes: en primer lugar, que los deseos del mundo son efímeros y que el amor al mundo no es compatible con el amor de Dios; y en segundo lugar, que el ser humano, en su afán por encontrar la *felicidad,* intenta hallar satisfacción en cosas pasajeras, pero esas cosas son fugaces y nunca logran ofrecer una verdadera plenitud. Por tanto, nuestra mirada debe estar enfocada en las cosas del Cielo, tal como nos exhorta la Palabra en Colosenses 3:2 (RVR1960): «Poned la mira en las cosas de arriba, no en las de la tierra».

Juan hace hincapié en que los deseos del mundo pasarán, pero lo que experimentemos alineados con la voluntad de Dios tendrá un impacto que perdurará a lo largo de las generaciones, lo que significa que nuestras acciones permanecerán, ¡y nosotros «[permaneceremos] para siempre»!; no en este mundo caído, sino en el Reino de los cielos, donde nuestro Creador nos espera con la promesa de la vida eterna.

Desafío diario

Te invito a reflexionar: ¿Cuál es tu prioridad: la voluntad de Dios o los deseos del mundo?

Día 22

¡Dios habla, y yo obedezco!

Nunca se apartará de tu boca este libro de la ley, sino que de día y de noche meditarás en él, para que guardes y hagas conforme a todo lo que en él está escrito; porque entonces harás prosperar tu camino, y todo te saldrá bien (Josué 1:8 RVR1960).

Estas son palabras de Jehová y van dirigidas a Josué. Después de la muerte de Moisés, Josué debía asumir el liderazgo del pueblo de Israel, y Dios le instó a ser fuerte y valiente (*cf.* Josué 1:6-7,9 RVR1960) para afrontar los desafíos que se avecinaban. También le aseguró: «Nadie te podrá hacer frente en todos los días de tu vida; como estuve con Moisés, estaré contigo; no te dejaré, ni te desampararé» (Josué 1:5 RVR1960). ¡Qué profundas son estas palabras!

Dios también le recordó un principio fundamental: «Nunca se apartará de tu boca este libro de la ley, sino que de día y de noche meditarás en él». Hoy el Señor nos ofrece el mismo consejo a ti y a mí: «No apartes mi Palabra de tu vida y actúa conforme a ella». «La palabra de Dios es viva» (Hebreos 4:12 RVR1960) y produce transformación en nuestras vidas. Por eso debemos anclar nuestras mentes, corazones y almas en ella.

Nuestro Padre, en su infinita bondad y atención al detalle, nos ha dejado consejos específicos para cada situación a la que nos enfrentemos. Por esa razón, nos invita a leer su Palabra, meditar en ella y actuar conforme a ella, ya que, al hacerlo, nuestro camino prosperará y «todo [nos] saldrá bien». No obstante, para lograr esto, nuestra mirada debe estar fija en Él y en sus enseñanzas. Así que la decisión de *no apartar su Palabra de nuestra vida* está en nuestras manos. Dios nos habla, nos aconseja, pero es nuestra la responsabilidad de seguir sus instrucciones y obedecer.

Desafío diario

Reflexiona: ¿Lees la Palabra de Dios, meditas en ella y actúas conforme a ella?

Día 23

Sigue el camino de Dios

Mirad, pues, que hagáis como Jehová vuestro Dios os ha mandado; no os apartéis a diestra ni a siniestra. Andad en todo el camino que Jehová vuestro Dios os ha mandado, para que viváis y os vaya bien, y tengáis largos días en la tierra que habéis de poseer (Deuteronomio 5:32-33 RVR1960).

Dios estaba llamando a todo Israel a vivir y seguir su camino. Antes de pronunciar estas palabras, Dios les declaró: «¡Cómo quisiera yo que tuvieran tal corazón, que me temieran y cumplieran siempre todos mis mandamientos, para que a ellos y a sus hijos les fuera siempre bien!» (Deuteronomio 5:29 RVC). ¡Qué impresionante!

Esto nos revela que, desde el principio, el deseo de Dios ha sido que nuestro camino sea bueno y pleno; sin embargo, esto solo es posible si mantenemos una relación íntima con Él y le obedecemos de manera voluntaria, impulsados por nuestro amor a Él, fruto de todo lo que Él ha hecho por nosotros. ¡Esa es la clave para experimentar el verdadero bienestar en nuestras vidas!

Hoy, Dios nos llama nuevamente a seguir su camino. Con este versículo, Él nos recuerda una vez más que no debemos apartarnos de su lado, ni «a diestra ni a siniestra», sino que debemos anclarnos en Él para disfrutar de una vida plena y ver prolongados nuestros días en la tierra. Todo esto depende de nuestra disposición a seguir cada una de sus instrucciones.

Desafío diario

Reflexiona: ¿Cuán dispuesto estás a seguir todas las instrucciones de Dios?

Día 24

¿A quién obedeces?

¿Acaso no saben ustedes que, si se someten a alguien para obedecerlo como esclavos, se hacen esclavos de aquel a quien obedecen, ya sea del pecado que lleva a la muerte, o de la obediencia que lleva a la justicia? (Romanos 6:16 RVC).

Estas palabras nos invitan a profundizar en una verdad fundamental. El apóstol Pablo nos enseña que, al someternos a nuestros deseos y ceder al pecado, nos convertimos en sus esclavos, y la Biblia dice en Romanos 6:23 (RVR1960): «Porque la paga del pecado es muerte, mas la dádiva de Dios es vida eterna en Cristo Jesús Señor nuestro». Esto significa que la esclavitud al pecado nos conducirá de forma inevitable a una vida de sufrimiento, perdición y muerte eterna.

Sin embargo, es importante entender que el pecado inicialmente no se presenta de esa manera. Al principio puede parecer atractivo, placentero y bueno a nuestros ojos, de modo que ceder a él resulta más sencillo, porque nuestros deseos y nuestra naturaleza pecaminosa lo anhelan; pero, con el tiempo, descubrimos que solo trae destrucción.

En contraste, cuando nos sometemos a Dios y elegimos obedecer, es posible que el camino no sea fácil, porque renunciar a nosotros mismos y seguir su voluntad puede resultar un desafío; no obstante, con el tiempo nos damos cuenta de que seguir a Dios y obedecerlo nos brinda verdadero gozo, santificación y, al final, la vida eterna. Su Palabra nos anima diciendo: «No nos cansemos, pues, de hacer bien; porque a su tiempo segaremos, si no desmayamos» (Gálatas 6:9 RVR1960). Por tanto, continuemos obedeciendo, aun cuando parezca difícil, porque la recompensa de nuestra fidelidad es mucho mayor.

Desafío diario

Pregunta reflexiva: ¿Qué estás eligiendo: el pecado, que conduce a la destrucción, o la obediencia, que lleva a la justicia?

Día 25

¿Cuál es tu elección?

Pedro y los apóstoles respondieron: «Es necesario obedecer a Dios antes que a los hombres» (Hechos 5:29 RVC).

Es importante entender el contexto de este versículo. Las autoridades religiosas de la época habían prohibido a Pedro y a los apóstoles predicar en el nombre de Jesucristo, pero, aun así, ellos habían continuado predicando (cf. Hechos 4:18; 5:28 RVC). Debemos aplicar esta enseñanza constantemente en nuestras vidas. Es importante recordar que somos llamados a obedecer a «las autoridades superiores» (Romanos 13:1 RVR1960), siempre y cuando sus mandatos no contradigan los mandamientos divinos. En caso de que sean contradictorios, debemos priorizar nuestra obediencia al Señor por encima de todo.

Hoy, muchas personas no comparten nuestras creencias, principios y valores, y con frecuencia nos enfrentamos a situaciones en las que sentimos sobre nosotros la presión de los demás para que actuemos de manera contraria a lo que sabemos que es correcto, ya sea por el deseo de ser aceptados, por temor a perder un empleo, una amistad o algo que valoramos, o por miedo a las consecuencias de desobedecer a una autoridad superior.

Sin embargo, Pedro y los apóstoles nos recuerdan que, a pesar de estas presiones, no debemos ceder ante la tentación de poner a los hombres por encima de Dios; nuestro compromiso principal es con Él. De modo que, como creyentes, nuestro deber es buscar la verdad y la voluntad de Dios, quien es nuestra autoridad suprema en el Cielo y en la tierra.

Desafío diario

Reflexiona: ¿Estás obedeciendo al hombre o a Dios?

Día 26

¡Más que oyentes, obedientes!

Pero sed hacedores de la palabra, y no tan solamente oidores, engañándoos a vosotros mismos (Santiago 1:22 RVR1960).

Este es un llamado a la obediencia. Dios no solo nos invita a escuchar su Palabra, sino que nos exhorta a ponerla en práctica cada día. Al meditar en las Escrituras, notamos que no dice: «Si queréis, sed hacedores». ¡No!; al contrario, el mensaje es muy claro y nos manda: «Sed hacedores»; es un mandamiento, una solicitud directa de Dios.

Ser «hacedores de la palabra» y no solo «oidores» es un testimonio de que hemos tenido un encuentro real con Jesucristo y de que nuestra vida ya no nos pertenece, pues ahora Cristo es quien vive en nosotros. Esto produce un verdadero cambio en nuestro ser y genera frutos que nos hacen prosperar en el propósito para el cual hemos sido llamados.

Como nos recuerda Isaías 55:10-11 (RVR1960): «Porque como desciende de los cielos la lluvia y la nieve, y no vuelve allá, sino que riega la tierra, y la hace germinar y producir, y da semilla al que siembra, y pan al que come, así será mi palabra que sale de mi boca; no volverá a mí vacía, sino que hará lo que yo quiero, y será prosperada en aquello para que la envié». De modo que la Palabra de Dios causa un impacto profundo en nosotros. No solo experimentamos una transformación personal, sino que también nos convertimos en instrumentos a través de los cuales Dios puede obrar y bendecir a los demás.

Desafío diario

Te invito a que hagas esta oración: «Padre, ayúdame a ser hacedor de tu Palabra. Permíteme poner en práctica todos tus consejos, principios y valores. Anhelo ser cada día más semejante a ti. Amén».

Día 27

La decisión que define nuestro camino

Miren, hoy les doy a elegir entre la bendición y la maldición: bendición, si obedecen los mandamientos que yo, el Señor su Dios, hoy les mando obedecer; maldición, si desobedecen los mandamientos del Señor su Dios y se apartan del camino que hoy les mando seguir, y se van tras dioses extraños que jamás han conocido (Deuteronomio 11:26-28 NVI).

Dios ha establecido que la obediencia produce «bendición», mientras que la desobediencia conlleva «maldición». A lo largo de toda la Escritura, Dios nos enseña que aquellos que obedecen recibirán recompensas de lo alto, mientras que las acciones desobedientes traerán consecuencias graves.

Como bien sabemos, en cada hogar, los padres ejercen autoridad y establecen reglas que deben ser cumplidas, además de identificar acciones que deben evitarse. De la misma forma, Dios, en su suprema sabiduría, demanda obediencia y santidad. Él conoce perfectamente lo que nos beneficia y lo que nos perjudica, por lo que sus mandamientos están diseñados para protegernos y guiarnos, no para limitarnos o restringirnos, como a menudo se piensa. ¡Al contrario! Todas las instrucciones reveladas en su Palabra son un acto de amor y cuidado hacia nosotros. Sin embargo, Dios no nos obliga a seguir sus caminos; nos otorga la libertad de elegir el rumbo que queremos tomar. Está en nuestras manos creer en Él y decidir entre la obediencia, que conduce a la bendición, o la desobediencia, que finalmente lleva a la maldición.

Desafío diario

Reflexiona: ¿Alguna vez has experimentado la bendición por tu obediencia? ¿Qué aprendiste de esa experiencia y cómo ha influido en tu relación con Dios?

Día 28

La obediencia es más que palabras

¿Por qué me llaman ustedes «Señor, Señor», y no hacen lo que les mando hacer? (Lucas 6:46 RVC).

Jesús nos confronta con una pregunta profunda. Él señala la incoherencia que existe entre llamarlo «Señor» y, sin embargo, no seguir sus enseñanzas. Esta incongruencia resulta en una obediencia superficial, basada en palabras y no en acciones concretas.

Para ilustrar su mensaje, Jesús presenta una parábola (*cf.* Lucas 6:47-49 RVC). Compara a aquellos que obedecen sus mandamientos con un hombre que construye su casa sobre una roca, y, cuando llegan las inundaciones, esa casa permanece firme, porque su cimiento es sólido. En contraste, el que escucha las palabras de Jesús y no las aplica se asemeja a un hombre que edifica su casa sobre la arena; y, cuando el río se desborda, esa casa se derrumba.

El mensaje es claro: si realmente escuchamos y aplicamos las enseñanzas de Cristo, nuestro fundamento será tan fuerte que no caeremos ante las adversidades; sin embargo, si nuestra obediencia es superficial, seremos vulnerables al colapso en tiempos de dificultad.

No se trata solo de oír su Palabra y llamarlo «Señor»; debemos hacer que ese título sea significativo en nuestras vidas. Reconocer a Jesús como *nuestro Señor* implica aceptar que Él es el dueño y director de nuestra vida. Por tanto, es esencial que obedezcamos cada indicación que Él nos brinde, pues no se trata de cumplir nuestra propia voluntad, sino de someternos a la voluntad del Creador.

Desafío diario

Reflexiona: ¿Es Jesús realmente *tu Señor*?

Día 29

La obediencia trae bendición

Y vendrán sobre ti todas estas bendiciones, y te alcanzarán, si oyeres la voz de Jehová tu Dios (Deuteronomio 28:2 RVR1960).

Detrás de estas palabras hay una orden y una promesa. Dios nos asegura que, si escuchamos su voz, las bendiciones «[nos] alcanzarán». Esto significa que no necesitamos perseguirlas ni buscarlas por nuestros propios medios; al contrario, ellas vendrán a nosotros por mandato de Él. Si reflexionamos, nos daremos cuenta de que esas «bendiciones» son experiencias que podremos disfrutar aquí en la tierra, ya que, cuando estemos en su presencia, lo único que realmente necesitaremos será a Él mismo.

Imaginemos por un momento dos escenarios: en el primero, llegamos al Cielo y nos enfrentamos a la dura realidad de habernos perdido numerosas bendiciones por nuestra desobediencia, al escuchar a Dios decir: «Mira todo lo que tenía planeado para ti, pero, debido a tu desobediencia, no recibiste nada». Sin duda, eso sería muy triste. En contraste, en el segundo escenario llegamos al Cielo y escuchamos a Dios decir: «Recibiste todas las bendiciones que tenía preparadas para ti porque fuiste obediente y fiel a mi Palabra». ¡Eso sí sería maravilloso!

De modo que está en nuestras manos experimentar todo el favor que Dios tiene para nosotros en esta vida. Todo depende de nuestra disposición a obedecer o de nuestra obstinación en desobedecer su voz y su Palabra.

Desafío diario

Reflexiona: En vista de lo que hemos meditado, ¿deseas experimentar las bendiciones por medio de la obediencia, o prefieres no recibirlas debido a tu desobediencia? ¿Cuál es tu decisión?

Día 30

La obediencia es el camino a la paz y a la justicia

¡Oh, si hubieras atendido a mis mandamientos! Fuera entonces tu paz como un río, y tu justicia como las ondas del mar (Isaías 48:18 RVR1960).

Para comprender mejor este versículo, es importante considerar el contexto, en el que Dios reprende a Israel por su infidelidad. El pueblo se había dejado llevar por sus ídolos y había olvidado guardar los mandamientos del Señor, inclinándose hacia la desobediencia. Antes de pronunciar esta amonestación, Él les había recordado: «Yo soy Jehová Dios tuyo, que te enseña provechosamente, que te encamina por el camino que debes seguir» (Isaías 48:17 RVR1960). Este pasaje revela que Dios no es un Dios ausente; al contrario, es un Dios que se manifiesta para mostrarnos el camino correcto que hemos de tomar; sin embargo, a pesar de su clara dirección, el pueblo persistía en su desobediencia y rebeldía.

En ocasiones, al reflexionar sobre la historia del pueblo de Israel, podemos preguntarnos: ¿Cómo pudieron ser tan desobedientes? No obstante, primero debemos mirar en nuestro interior y reconocer que también nosotros fallamos, pues algunas veces elegimos ignorar los mandamientos o cumplirlos parcialmente. Esta conducta es una de las razones por las cuales no experimentamos esa «paz» abundante y viva que fluye de manera natural ni esa «justicia» continua y poderosa que solo el Señor nos ofrece.

Por tanto, es importante que nos esforcemos por obedecer cada mandamiento que Dios nos da, sin importar cuán pequeño pueda parecer, pues Él valora nuestros esfuerzos por obedecer y nos recompensa abundantemente.

Desafío diario

Te invito a hacer esta oración: «Señor, ayúdame a escuchar y a obedecer tu voz. Dame la sabiduría para seguir tus mandamientos y así experimentar la paz y justicia que Tú prometes. Amén».

APÉNDICE

Hemos concluido estos treinta días aprendiendo a vivir en obediencia. Espero que, a través de estas líneas, logres entender el significado tan profundo que tiene la obediencia y el valor que el Señor le otorga. Mi deseo es que esta experiencia te ayude y te motive a obedecer a Dios en cada situación que afrontes.

Que Dios te bendiga siempre, que te dé la sabiduría para guardar sus mandamientos y que te enseñe el camino por el que debes seguir.

AGRADECIMIENTOS

Estoy profundamente agradecida con Dios por darme la oportunidad de escribir estas líneas. Como siempre, Él ha estado presente en cada paso de este proceso.

Quiero expresar mi gratitud a mi esposo, Manuel Felipe, por su apoyo incondicional y por animarme a publicar. También quiero agradecer a Alair, la educadora cristiana de mi iglesia, quien me ha orientado y aconsejado durante la creación de estos escritos.

Por último, un sincero agradecimiento a mi editor, Samuel, por su profesionalismo y por su empatía durante la realización de este proyecto.

OTROS LIBROS DE LA AUTORA

Consíguelos en:
www.talentopublicaciones.com/tienda
info@talentopublicaciones.com